PAIDEIA
ÉDUCATION

MIXTE
Papier issu de sources responsables
Paper from responsible sources
FSC® C105338

JOSEPH KESSEL

Le Lion

Analyse littéraire

© Paideia éducation.

22 rue Gabrielle Josserand - 93500 Pantin.

ISBN 978-2-7593-0364-9

Dépôt légal : Juin 2023

Impression Books on Demand GmbH

In de Tarpen 42

22848 Norderstedt, Allemagne

SOMMAIRE

- Biographie de Joseph Kessel.. 9

- Présentation du roman *Le Lion*.. 15

- Résumé de l'œuvre... 19

- Les raisons du succès.. 33

- Les thèmes principaux... 39

- Le mouvement littéraire.. 47

- Dans la même collection... 41

BIOGRAPHIE DE JOSEPH KESSEL

Joseph Kessel est né le 10 février 1898 à Clara, en Argentine, où ses parents se sont installés pour fuir les persécutions antisémites. À la fois Juif, Russe et Français, toute la vie de l'écrivain et journaliste est placée sous le signe de ses origines cosmopolites.

Joseph Kessel partage son enfance entre Oranbourg, au pied de l'Oural chez ses grands-parents et le Lot-et-Garonne chez ses parents de retour en France.

Il commence des études de lettres en Russie qu'il poursuit au lycée Felix Faure (actuellement lycée Masséna) à Nice. En 1914, il rejoint le lycée Louis-le-Grand à Paris.

Cette même année, il est tenté et attiré par la voie du journalisme et devient rédacteur pour le Journal des Débats.

En 1915, il obtient sa licence en lettres classiques à la Sorbonne. Trouvant un intérêt pour le théâtre, il devient acteur sur la scène de l'Odéon pendant une courte période.

Un an plus tard, il s'engage dans l'armée, dans un premier temps dans l'artillerie avant de rejoindre les troupes de l'aviation. Cette expérience inspire l'auteur qui publiera son second roman, *L'Équipage*, en 1923. En 1918, il devient volontaire et s'envole pour la Sibérie.

Une fois la guerre achevée, Joseph Kessel demande la nationalité française et retourne à sa vie civile. Il commence alors sa carrière à la fois de journaliste et d'écrivain. Il travaille pour *Le Journal des Débats*, puis au *Matin* avant d'entamer un voyage au États-Unis. S'en suit une série de reportages sur des pays de l'Orient : Chine, Inde, Ceylan ou encore l'Indochine. Parallèlement, il suit les grands événements de l'époque tels que la guerre d'Indépendance irlandaise, la naissance de l'État Israélien (il obtiendra d'ailleurs le visa numéro un pour se rendre dans le nouvel État), assiste au début du sionisme, parmi tant d'autres.

En 1922, il publie son premier roman, *La Steppe rouge*.

En 1925, *Mémoires d'un commissaire du peuple*, inspiré des expériences de Kessel, et *Les Rois aveugles* voient le jour et lui vaudront le prix du Roman de l'Académie Française en 1927.

En 1928, il fonde aux côtés d'Horace de Carbuccia et Georges Suarez, *Le Gringoire*, un hebdomadaire politique et littéraire. Il appartient également à la grande équipe réunie par Pierre Lazareff à *Paris-Soir*.

En 1929, Kessel écrit *Belle de jour* et dévoile la « part maudite » des années folles. La psychologie de la perversion occupe une place prépondérante dans cet ouvrage. Plus tard, Luis Buñuel adaptera cette histoire à l'écran.

Il participe ensuite à la guerre d'Espagne en 1936 et devient en 1940 correspondant de guerre avant d'entrer clandestinement dans la Résistance française un an plus tard. Il s'engage alors dans les Forces Françaises Libres auprès du Général de Gaulle, en compagnie de son neveu, Maurice Druon avec qui il rejoint Londres. Ensemble, ils écrivent en 1943 *Le Chant des Partisans*, qui devient le chant de ralliement de la Résistance.

À la fin de la guerre, Joseph Kessel est l'un des journalistes qui assistent au procès de Nuremberg. Puis, il publie *Le Tour du malheur*. Cette œuvre en quatre volumes a mis près de vingt ans à germer dans la tête de Joseph Kessel. Elle contient de nombreux éléments et confidences sur la vie personnelle de l'auteur.

Pendant ce temps, Kessel entreprend une nouvelle série de voyages en Afrique et en Birmanie notamment.

En 1955, *Fortune carrée* est un récit d'aventures se déroulant au Yémen et autres pays de la mer Rouge.

Le Lion, un des plus grands succès de l'auteur, sort en 1958 et raconte l'histoire de l'amitié qui unit une petite fille et un lion, qu'elle a adopté étant petit.

En 1959, Kessel obtient le prix Prince Rainier de Monaco.

Le 22 novembre 1962 est une date à marquer d'une pierre blanche pour l'auteur : il entre à l'Académie Française et revendique ouvertement son appartenance au judaïsme.

En 1967, le chef-d'œuvre romanesque *Les Cavaliers* est inspiré de son voyage en Afghanistan.

Son œuvre journalistique est publiée en 1969 sous le titre de *Joseph Kessel, témoin parmi les hommes*.

Il meurt d'une rupture d'anévrisme le 23 juillet 1979.

PRÉSENTATION DU ROMAN LE LION

Le célèbre roman de Joseph Kessel, *Le Lion*, est paru pour la première fois en 1958 aux éditions Gallimard. Cette œuvre narre une histoire entre trois protagonistes principaux : le narrateur (peut-être Joseph Kessel lui-même), Patricia et King, un lion que la petite fille a recueilli alors qu'il était tout bébé. Ce roman d'aventures a connu un grand succès, grâce notamment à son accessibilité pour tous les publics. Plusieurs thèmes sont présents dans ce roman. L'amour tout d'abord est exprimé sous toutes ses formes : les différentes amitiés qui se lient au fil de l'histoire, l'amour parental de la famille de Patricia, la passion pour les animaux. Cet amour s'exprime parfois dans la violence. Par exemple, le père de Patricia aime les animaux à tel point qu'il est capable de les tuer, Patricia et sa mère entretiennent une relation plutôt conflictuelle. La vie (et par conséquent la mort) est également un thème omniprésent dans cette œuvre, avec la chasse des animaux pour leur survie, la mort du vieux chef masaï, entre autres. Bien évidemment, le thème de l'univers africain est représenté ici avec ses nombreuses descriptions. L'auteur explique tout au long du roman les différentes coutumes africaines et principalement celle du peuple masaï et donne des éléments réels au lecteur, ce qui sort le roman de la fiction pure. Il peint et brosse également les paysages, du Kilimandjaro aux brousses les plus profondes, rien n'est mis à part. Cela amène également au thème de la nature, où se déroule en quasi-totalité l'action du livre. Dans ce thème la nature est opposée à la civilisation et prédomine l'œuvre.

RÉSUMÉ DU ROMAN

Partie I

Chapitre 1

À son réveil, le narrateur se retrouve face à un petit singe dans sa chambre, puis à une gazelle sous la véranda. Un peu plus loin, auprès d'une étendue d'eau, des bêtes se comptaient par centaines et se voisinaient : antilopes, gazelles, girafes, gnous, zèbres, rhinocéros, buffles et éléphants. Toutes étaient là, dans la réserve de ce Parc royal du Kenya, avec pour décor, les neiges du Kilimandjaro. Alors que le narrateur tente de s'approcher au plus près des bêtes, la jeune Patricia, fille de l'administrateur du Parc, l'en empêche avant de se présenter.

Chapitre 2

Patricia et le narrateur font connaissance. La petite fille, d'abord hostile et froide, lui interdit de s'approcher des bêtes en expliquant qu'elles sont paisibles et tranquilles. Elle lui confie ce qu'elle sait de lui, ce qu'elle sait des autres et des dialectes africains. Peu à peu en confiance, elle lui parle des bêtes, de son père, de sa mère, tout en continuant à observer les troupeaux présents devant eux. Une complicité s'installe alors entre eux quand soudain elle comprend qu'il doit partir le lendemain. Triste, elle lui lâche la main et part rejoindre les animaux.

Chapitre 3

Seul dans sa hutte, le narrateur pense à la fois à Patricia et à ses amis, restés en Europe. Une multitude de sensations traversent alors son esprit : la plénitude des instants vécus, puis l'angoisse, le rejet, l'abandon… Pendant son déjeuner, il reçoit une lettre de la mère de Patricia, Sybil Bullit, qui lui demande de venir la voir aussi tôt que possible.

Chapitre 4

C'est pour parler de Lise Darbois, une amie commune, que Sybil a invité le narrateur chez elle. Elle lui raconte alors leur adolescence et les circonstances de leur rencontre dans une pension près de Lausanne, avant de parler de son arrivée en Afrique, de son mariage et de ses rêves pour l'avenir de sa fille. Après l'arrivée de son serviteur, Sybil laisse son hôte seul pour aller chercher Patricia, qui vient de se réveiller.

Chapitre 5

John Sybil rentre chez lui et trouve le narrateur seul au milieu du salon. Sans attendre, il se présente et s'excuse de ne pas s'être occupé de lui depuis son arrivée. Il lui parle des braconniers attirés par les ivoires et énumère les installations qu'il a mis à disposition des animaux pour faciliter leur bien-être.

Chapitre 6

Dans ce chapitre, les liens d'amour qui unissent les Bullit sont décrits. Puis, l'avenir de Patricia est de nouveau remis en question. Sa mère craint que l'absence de civilisation dans lequel Patricia est plongé ne pousse sa fille vers une attitude de plus en plus sauvage et impossible. Chacun des deux parents cherchent alors en la personne du narrateur un allié concernant le destin de la petite fille.

Chapitre 7

Une fois sortis de chez les Bullit, John et le narrateur se dirigent ensemble vers le village nègre. Sur le chemin, Patricia est au cœur de la conversation. Le narrateur avoue que Lise Darbois n'est qu'une simple connaissance. Il confie également qu'il pense qu'il y a un lien particulier entre la petite fille et les animaux. John remercie ce dernier de ne pas avoir révélé à sa femme les activités matinales de leur fille. De cette discussion naît l'amitié entre les deux protagonistes.

Chapitre 8

John Bullit, toujours accompagné par le narrateur, est accueilli avec des cris et des chants de joie au village, symboles d'amitié et de bienvenue pour le peuple noir. Puis il rassemble les rangers, leur donne les instructions à suivre pour protéger ses lions et surveiller les Masaïs qui doivent séjourner une semaine dans le Parc et dont la gloire est de tuer le roi de la jungle à la lance et au couteau. Après cela, l'administrateur du Parc s'amuse avec les enfants. Patricia fait irruption et se prend également au jeu.

Chapitre 9

John Bullit et le narrateur dégustent un verre de whisky lorsque l'arrivée d'une girafe et de son petit près de la hutte les interrompt. C'est alors que l'administrateur du Parc raconte son enfance à son interlocuteur : son premier safari à dix ans, le don d'une carabine pour l'encourager à apprendre l'alphabet, les histoires de chasses et de fusils que ses parents lui narraient sans cesse… Tous ces éléments qui font ce qu'il est aujourd'hui. Puis, il parle de son ancien désir de tuer les bêtes, de les tuer par amour. Mais à ce jour, tout a changé, il confie avoir l'âme pleine de joie de les voir vivre avant de demander au narrateur de prolonger son voyage, qui doit initialement s'achever le lendemain.

Chapitre 10

Le narrateur et son serviteur Bogo entament une discussion. Ce dernier lui confie que, d'après les rumeurs, Patricia est une jeune fille appréciée mais qui fait peur. Elle aurait en effet, un « vrai lion » pour père. Puis, il part à la découverte du parc avec un ranger. D'abord transporté de joie, le narrateur est vite frustré de ne pas pouvoir approcher les bêtes comme il le voudrait et d'être ainsi suivi de trop près par le ranger, ne lui laissant aucune liberté. Après la visite, le narrateur, se demandant comment il va occuper l'heure à venir avant de retourner chez les Bullit, est surpris par l'arrivée de deux Masaïs.

Chapitre 11

Le narrateur, par le biais de son serviteur Bogo, invite les deux Masaï, un vieillard et un « morane » (jeune guerrier depuis l'âge de quinze ans avec la tête rasée) à s'arrêter un instant et à échanger quelques mots. Les deux Masaï se présentent : le morane se nomme Oriounga et le vieillard Ol'Kalou. Puis, ils reprennent leur chemin. Le narrateur demande à son serviteur de préparer leurs bagages.

Chapitre 12

Arrivé chez les Bullit pour prendre le thé, le narrateur

est déçu de l'absence de Patricia. Sybil Bullit a soigné son apparence : talons, maquillage, parfum. Dans le salon se trouvent tous les attributs exigés pour un thé de cérémonie à l'anglaise. Sybil semble être rongée de regrets d'avoir quitté le continent européen et de vivre hors de la civilisation. Après que John ait raconté une histoire sur la poursuite d'une tribu de lions mangeurs d'hommes, il est arrêté par un long grondement. La nuit vient de tomber et Patricia n'est toujours pas rentrée. Inquiète, Sybil demande à son époux d'intervenir. Finalement Kihoro, chargé de la surveillance de Patricia, entre dans la pièce. Les voilà rassurés.

Chapitre 13

Seule avec le narrateur, Sybil confie qu'elle ne supporte plus la vie qu'elle mène : elle s'inquiète trop souvent pour Patricia et ses nerfs ont tendance à lâcher prise. Elle raconte ensuite plusieurs de ses péripéties, à l'origine de cette peur qui la ronge et qui ne cesse de s'accroître. Puis, John arrive, accompagné de Patricia qui s'installe à sa place avant de se servir une tasse de thé. Sybil reproche à son mari de ne pas avoir réprimandé leur fille pour son arrivée tardive. Patricia s'excuse alors et explique qu'elle a été retardée par King, son ami lion qui a tenu à la raccompagner.

Chapitre 14

Le narrateur, une fois rentré dans sa hutte, est d'une humeur maussade. Il écrit quelques lignes sur une feuille de son carnet de notes qu'il charge à Bogo de porter chez les Bullit. Dans son message, l'homme demande à John d'annuler son avion prévu pour le lendemain. Installé sur la véranda, il semble attendre quelqu'un. Mais au petit matin, alors que la rosée commence à couvrir la balustrade, personne n'est venu.

Partie II

Chapitre 1

À peine levé, aux alentours de midi, le narrateur pense au prolongement de son séjour. Alors que Bogo demande quels sont les ordres pour la journée, Patricia entre dans la pièce. Après qu'elle lui pose la question, le narrateur confie être resté pour King, l'ami lion de Patricia. Cette dernière lui parle d'abord de sa mère et de son expérience en pension avant qu'ils partent en excursion avec Bogo et Kihoro. Dans la voiture, la petite fille déclare maudire les chasseurs blancs, contrairement aux noirs.

Chapitre 2

Patricia entraîne le narrateur dans la jungle. Après lui avoir demandé de rester immobile un instant, le narrateur la rejoint et retrouve Patricia entre les pattes avant, le dos serré contre le poitrail, de King. Le lion, après un premier élan de colère, se calme sous les ordres de Patricia et se laisse finalement approcher et caresser par cet inconnu. Pendant ce temps, la petite fille raconte comment elle a recueilli King, bébé alors qu'il avait été abandonné par sa famille. Elle l'a élevé, nourri, soigné et à présent elle a un réel pouvoir de possession sur l'animal. Le narrateur regagne la voiture et laisse les deux amis jouer.

Chapitre 3

Submergé par ce qu'il vient de vivre avec King, le narrateur retourne à la réalité lorsqu'il aperçoit au loin le peuple Masaï. Résolu à rester dans le Parc pour une durée encore inconnue, l'homme défait ses valises avant de se rendre chez les Bullit, où il est invité à dîner. L'ambiance est calme, posée. Sybil et John montrent tour à tour une série de photos concernant l'adolescence de Lise Darbois et Sybil dans le pensionnant et sur l'enfance de King, de sa naissance jusqu'à ce jour.

Chapitre 4

À peine retourné dans sa hutte, le narrateur est rejoint par John Bullit, une bouteille de Whisky à la main. Autour d'un verre, ils discutent de King. Le lion vivait chez les Bullit, jusqu'à ce que Sybil ne supporte plus cette vie. Elle a voulu dans un premier temps abandonner King et conduire Patricia en pension, mais en vain. Puis, elle a demandé à son époux de tuer l'animal. Ce dernier, s'y refusant par amour pour sa fille, a trouvé la solution. Désormais King vit près d'un arbre, en retrait de la hutte. En allant dormir, le narrateur découvre Patricia allongée sur son lit, lui donnant un rendez-vous à l'aube le lendemain. Ensemble, ils iront voir les Masaïs s'installer.

Chapitre 5

Patricia et le narrateur partent rendre visite aux Masaïs qui sont entrain d'installer leur campement. La petite fille est amusée par la « manyatta », la construction des huttes provisoires avec de la bouse de vache. Puis, ils voient la coutume des moranes : entailler le cou d'une vache pour se nourrir de son sang.

Chapitre 6

Patricia, le narrateur, Bogo et Kihoro reprennent la route. En chemin, la petite fille se pose des questions sur cette soif de sang : King, qui adore la viande rouge, puis les Masaï qui se nourrissent du sang des vaches. Autour d'eux, les animaux broutent, se promènent. La voiture s'arrête, Patricia descend et se trouve face à un guépard entouré de ses petits, qu'elle domine. Puis, ils repartent en excursion. Patricia, le narrateur et Kihoro rejoignent King à l'heure de la chasse, avant de regagner l'automobile.

Chapitre 7

John Bullit, venu rendre visite au narrateur, est interrompu par une dizaine de Wakamba, une tribu africaine dont Kihoro fait parti, entourés de rangers. Ils sont venus avertir le chef du Parc que les Masaïs leur ont volé des vaches. Tous ensembles, ils partent à la rencontre du peuple nomade. Oriounga, un des moranes, avoue le vol de trois d'entre elles. Alors que les Wakamba repartent avec leurs bêtes, le morane lance son javelot, entaillant ainsi le cou d'une des vaches. Le chef du clan déclare bien vouloir payer une indemnité aux Wakamba si le commissaire du district en décide ainsi. Plus tard, au crépuscule, les Bullit se rendent chez le narrateur. Patricia se pose des questions sur Oriounga.

Chapitre 8

John Bullit tient l'engagement pris lors de sa première rencontre avec le narrateur : lui servir de guide en promettant de lui montrer des choses que peu de gens ont vues. Dans la voiture ouverte de Bullit, les deux hommes s'engouffrent dans la brousse en compagnie de Patricia et des deux serviteurs. Sur la route, les paysages se succèdent et de nombreuses espèces apparaissent : gnous, zèbres, gazelles, buffles... Toujours à bord de son auto, Bullit défie tour à tour éléphants et rhinocéros et évite de justesse de se faire charger par les bêtes. Le danger et la montée d'adrénaline mènent ce jeu, qui amuse beaucoup Patricia et son père. Une fois arrêté, le narrateur se rend vraiment compte du pouvoir de la petite fille sur les animaux et de ce lien, si fort, naturel et précieux, qui la lie à son père.

Chapitre 9

Au cœur de la savane, King, qui sait repérer de très loin John, rejoint à grandes foulées l'automobile conduite par Bullit. Patricia, heureuse que son père ait trouvé le nouveau repère du lion, veut le faire courir. À nouveau, le jeu est lancé. Une fois à terre, Bullit et l'animal simulent un combat. Deux lionnes en furie et une horde de lionceaux les interrompent et appellent King, provoquant la jalousie extrême de Patricia. Alors qu'elle ne dit mot, King part rejoindre son clan. Sur le retour, Patricia ordonne à son père de descendre. Accompagnée du narrateur et secrètement suivie de Kihoro, elle se faufile dans la brousse pour défier les lionnes de King. Pleines de colère, les femelles sont chassées et maîtrisées par King qui défend sa protégée. Après qu'elles se soient retirées, King et Patricia se retrouvent. Caché dans des buissons, le narrateur aperçoit Oriounga, lequel se tient tout près de Patricia et de King qui les observe.

Chapitre 10

Après quatre heures de marche, le narrateur raccompagne Patricia jusque chez elle avant d'atteindre sa hutte. À ce moment là, il se pose beaucoup de questions sur Oriounga, le regard qu'il a posé sur Patricia, mais également sur sa volonté de rester dans le parc alors qu'il a vu ce qu'il désirait. Le lendemain matin, Patricia confie au narrateur que le masaï Oriounga l'a demandé en mariage et qu'elle lui a répondu d'en parler à King, sans arme. À l'heure du face à face, le lion laisse entrevoir sa haine et sa colère et est prêt à bondir. Patricia le retient et Oriounga retourne à ses occupations.

Chapitre 11

Sybil rend visite au narrateur sans l'en avertir. Elle lui confie l'amour véritable qu'elle a pour sa famille et explique les querelles qui la séparent de son mari et de sa fille. Puis, elle demande au narrateur, en qui Patricia a toute confiance, de la convaincre de quitter ses racines pour la vraie civilisation. Le soir venu, il tente une approche auprès de Patricia et lui propose de rentrer avec lui à Paris. La petite fille réagit mal et déclare qu'elle ne quittera jamais le Parc. Sa colère disparaît et rassure le narrateur : il ne doit pas s'inquiéter pour elle.

Chapitre 12

Bogo, le serviteur du narrateur, lui annonce la mort du

chef Masaï. Dans la journée, une fête en l'honneur de la nomination du nouveau chef est célébrée. Patricia et le narrateur décident d'attendre un moment avant de s'y rendre. Dans la brousse, ils tombent sur le corps Ol'Kalou, l'ancien chef Masaï, pas tout à fait mort. Ce dernier, dans un ultime souffle, répète : « Lion... lion... lion... » Le narrateur semble plus inquiet que Patricia.

Chapitre 13

Les Bullit et le narrateur assistent à la fête masaï. Danses et chants animent la cérémonie. Mais Sybil a du mal à supporter de voir des jeunes fillettes déjà mariées. C'est alors que les moranes arrivent, précédés par Oriounga qui demande Patricia en mariage. Sybil commence à suffoquer et demande à partir. John reste à la fête tandis que le narrateur, son épouse et Patricia quittent la manyatta.

Chapitre 14

C'est seulement le lendemain que Patricia rejoint le narrateur. Ensemble, ils se rendent sous l'arbre pour attendre King. Une fois présent, Patricia adopte un comportement étrange envers lui, elle est froide et distante et semble attendre quelque chose. Puis des bruits de pas retentissent, Oriounga, bouclier et lance à la main est dressé devant eux. Après avoir tenté de les retenir, Patricia, impuissante assiste au combat. Alors que King prend le dessus, John Bullit et Kihoro arrivent à grande vitesse à bord de l'automobile. Pris entre deux sentiments et deux instincts, Bullit n'a plus le choix, il doit tirer pour en sauver l'un des deux. C'est alors qu'il prend le fusil de Kihoro et tire... sur King qui reçoit deux balles en plein cœur. S'en suit un long silence.

La haine envahit Patricia, qui ne peut croire à l'acte atroce de son père envers leur ami. Elle demande au narrateur de l'emmener loin d'ici, à Nairobi, dans la pension où elle a déjà séjourné.

Chapitre 15

Patricia et le narrateur quittent le parc à la tombée de la nuit. La petite fille prépare elle-même ses affaires et laisse au bungalow les vêtements lui rappelant la brousse. Sur le chemin, les protagonistes traversent les différents paysages. Impassible, le regard de Patricia semble vide, contenant ses larmes et dépourvu de toute émotion. Jusqu'à ce qu'ils arrivent à l'intersection qui mène à l'arbre, leur arbre, à elle et à King. L'enfant craque et pleure dans les bras du narrateur. Elle lâche tous les sentiments qu'elle a contenus jusque là. Pendant ce temps, au loin, les animaux, eux, dansent.

LES RAISONS
DU SUCCÈS

L'année 1958 marque un tournant dans la vie politique française. La crise provoque un bouleversement au sein du gouvernement et la France assiste à la fin de la IVᵉ République, arrivée à bout de souffle en même temps que la guerre d'Algérie, qui perd son ministre-résident, Lacoste, le 8 mai. Le pouvoir civil n'a donc plus de représentant à Alger. Le 14 mai, le pays connaît le début du gouvernement de Pierre Pflimlin (MRP) qui démissionnera deux semaines plus tard. Le lendemain, Charles de Gaulle se déclare prêt à assumer les pouvoirs de la République et confie quelques jours plus tard être le seul à pouvoir sauver la France selon des rites différents que ceux instaurés par la IVᵉ République. L'État d'urgence est déclaré le 16 mai par l'Assemblée nationale et les pouvoirs spéciaux sont renouvelés en Algérie. Fin mai, un putsch se fait de plus en plus menaçant. Le général de Gaulle forme un gouvernement malgré la crainte des Français. Il rassure le peuple en déclarant : « Pourquoi voulez-vous qu'à soixante-sept ans, je commence une carrière de dictateur ? » De Gaulle devient finalement officiellement président de la Vᵉ République le 21 décembre 1958 et étend les pouvoirs du président.

Parallèlement, plusieurs courants littéraires se croisent au cours du XXᵉ siècle, dont de nouveaux mouvements qui prennent leur essor à cette période et qui rompent avec les tendances du XIXᵉ siècle.

D'abord le Surréalisme, représenté par André Breton, Paul Éluard ou encore Louis Aragon (« La semaine Sainte »). Ce courant littéraire et artistique naît au cours de ce siècle, vise à la libération de la création de toute crainte et de toute logique.

Albert Camus, Jean-Paul Sartre (pour lui ce courant est une forme d'humanisme) et Simone de Beauvoir appartiennent quant à eux à ce qu'on appelle l'existentialisme, courant philosophique et de pensée dont les thèmes majeurs sont l'individualisme moral, la subjectivité, le choix, la liberté et l'engagement, ainsi que l'angoisse et l'anxiété.

Le théâtre connaît également de nombreux changements et le théâtre de l'absurde devient très en vogue à partir des années 1950. Le traumatisme, la chute de l'humanisme à la fin de la Seconde Guerre mondiale sont à l'origine de cette nouvelle forme théâtrale. Eugène Ionesco (*Rhinocéros*, *La Cantatrice chauve*), Samuel Beckett (*En attendant Godot*, *Fin de Partie*, *Oh les beaux jours*), entre autres, sont les pionniers de ce style de théâtre qui rompt totalement avec les genres classiques comme la comédie ou le drame. Les sujets traités sont l'absurdité de l'Homme et de la vie, qui mène quoi qu'il arrive à la mort. Il est inspiré du surréalisme et du dadaïsme, totalement opposé au réalisme. « Ce théâtre va fournir un langage nouveau, des idées nouvelles, des points de vue nouveaux et une philosophie nouvelle, vivifiée, qui transformeraient dans un avenir assez proche les modes de pensées et de sentiments du grand public », a déclaré Martin Esslin, écrivain et critique britannique en 1961.

Le nouveau roman fait également son apparition dans les années 1950. Alain Robbe-Grillet, considéré comme le chef de file de ce mouvement, réunit les essais sur la nature et le futur du roman, en 1963, dans *Pour un nouveau roman*. Ce genre littéraire repousse toutes les conventions du roman traditionnel du XVIIIe siècle et prône un art conscient de lui-même, un ressenti propre à chacun et la position du narrateur est sans cesse interrogée.

Au travers de son œuvre, Joseph Kessel, considéré comme un privilégié de l'actualité, donne quant à lui naissance à une variante du roman d'aventures classique nommé « roman reportage » ou encore « reportage romancé », dans lequel la fiction est directement inspirée du vécu du journaliste reporter et nourrie par la réalité. « Trop journaliste pour être romancier, trop populaire pour être écrivain », déclare Gilles Heuré, journaliste et écrivain français, qui a rédigé la préface de *Prodigieux reportages* de Kessel. L'ensemble de ses textes, dont *Le Lion* fait partie, souligne la part essentielle occupée par le mystère dans la conscience de l'homme et met en avant la camaraderie et l'action virile, voire violente. Cette tonalité prolonge au cours de ce siècle, les mythes romantiques du héros, dans la lignée de cette génération d'auteurs et aventuriers tels que Saint-Exupéry, Blaise Cendrars, Pierre Marc Orlan ou encore Malraux, véritables sources d'inspiration et d'influence pour l'auteur, en prise directe sur le monde contemporain.

Kessel, homme de lettres mais aussi de terrain, couvre pendant près de cinquante ans tous les grands événements mondiaux de son époque (il connaît les deux Guerres mondiales, l'extermination du peuple juif, par exemple) et base ses écrits sur son vécu, marquant et violent.

Il base également son œuvre sur ses nombreux voyages à travers le monde : l'Afghanistan dans *Les Cavaliers* (1967), la Birmanie dans *La Vallée des rubis* (1956), l'Irlande dans *Mary de Cork* (1925) et le Kenya pour *Le Lion*.

Dans ce roman, le lecteur assiste à des relations de forces et de violences entre les personnages. L'auteur oppose le mode de vie africain, peuple simple, sans artifice et dépourvu de toute civilisation à celle du continent occidental qui vit perpétuellement dans la violence. Ce roman, totalement dans l'air du temps, plonge le lecteur dans une réflexion sur le style de vie occidentale et sur la méchanceté de l'Homme, dépassant, parfois, la violence animale. Le Lion, roi des animaux, est dans l'œuvre de Kessel, soumis à l'être humain qui finit par le tuer et avoir raison de lui. Par ce symbole, le romancier met en évidence la prise de pouvoir et de la force de l'homme trop civilisé sur la nature et les dangers que cela peut engendrer, tout comme la guerre ou encore la ségrégation des peuples, causées elles aussi par l'Homme.

Ce roman a connu un franc succès dès sa parution. Sa lecture facile et accessible à tous les lectorats, les paysages et descriptions qui mêlent la fiction à la réalité et les multiples amitiés et relations donnent une dynamique particulière au déroulement de l'action. La place du narrateur, dont on ne connaît pas l'identité (est-ce l'auteur lui-même, un simple spectateur ou encore le lecteur ?) joue un rôle prépondérant. L'utilisation du «je» place le lecteur au cœur de l'histoire et l'invite à s'attacher aux personnages qui l'entourent. Le lecteur devient alors un personnage à part entière. *Le Lion* reste aujourd'hui une œuvre majeure du XXe siècle.

LES THÈMES PRINCIPAUX

Joseph Kessel développe plusieurs thèmes principaux dans son œuvre *Le Lion*.

Tout d'abord, la nature est omniprésente à travers le texte et se retranscrit par le titre donné à l'ouvrage *Le Lion*, le roi des animaux. Tout au long de l'histoire, le lecteur découvre de nombreuses descriptions liées à la nature grâce notamment au champ lexical réparti sur l'ensemble de l'œuvre (« eau », « herbe », « buisson », « massif », partie 1, chapitre 2). Le champ lexical des animaux donne une preuve supplémentaire de la présence de la nature : « girafe », « gazelle », « lion », « gnous », « singe », « rhinocéros », « éléphants », « les bêtes étaient partout » (partie 1, chapitre 10).

L'auteur utilise également des énumérations et des accumulations : « Cette voix […] avait la faculté d'établir un contact, un échange entre leur misère, leur prison intérieure, et ce royaume de vérité, de liberté, d'innocence qui s'épanouissent dans le matin de l'Afrique. » (chapitre 2, partie 1), « Il fallait rompre entre nous le silence de la terre, de la chaleur, des arbres. » (partie 1, chapitre 7), « La réserve était immense. Elle s'étendait sur des dizaines et dizaines de lieues, brousse tantôt courte et tantôt boisée, tantôt savane, tantôt collines et pitons. » (partie 1, chapitre 10), « Ces bois semés de prairies qui se succédaient, se chevauchaient, s'enchevêtraient dans un seul et même paysage.» (partie 2, chapitre 8). Les adjectifs qualificatifs sont nombreux et accentuent la description « champs clos », « ces hautes forêts », « clairières effilée en forme de demi lune », « arbres géants » (partie 2, chapitre 10), « peau blanche striée de rayures noires », « deux chats couleur crème » (partie 2, chapitre 6), « grande montagne », « tapisserie vivante », troupeaux sauvages » (partie 2, chapitre 10).

Vient ensuite le thème de l'univers africain. Dans un premier temps, l'histoire se déroule au Kenya, situé au cœur de l'Afrique. Joseph Kessel, grâce à ses nombreux voyages livre des éléments réels sur différents peuples africains. Dans *Le Lion*, il parle du peuple Masaï (partie 1, chapitre 11), ou encore dans la seconde partie aux chapitres 3, 5 avec la construction des huttes temporaires à partir de bouse de vache, 10 et 12 avec la mort du chef masaï) où il décrit leur coutume, leur mode de vie , leur fonctionnement : « Les moranes étaient les seuls, dans l'Afrique orientale, où les indigènes, hommes et femmes, vont la tête rasée du premier au dernier de leurs jours, ils étaient les seuls, pour toute la durée de leur printemps tribal, à laisser croître dans toute sa force et sans y porter le fer de leur foison, crépue. » De temps en temps, l'auteur énumère également d'autres tribus et dialectes africains : « Bien sûr, je sais le kikoyou aussi bien que lui. […] Et je sais aussi le swahili parce que les indigènes de toutes les races le comprennent. Et la langue des Wakamba parce que le pisteur préféré de mon père en est un. Et le masaï parce que les Masaï ont droit de passage dans ce parc. » (partie 1, chapitre 2), « Des Wakambas, je pense, dit-il. Une dizaine de noirs, drapés dans des cotonnades en guenilles, pieds nus, mais armés de lances et de coutelas, débouchèrent devant le perron. » (partie 2, chapitre 7). De temps à autres, le narrateur oppose la civilisation africaine avec le mode de vie à l'occidentale. C'est le personnage de Sybil, la mère de Patricia, qui symbolise ce choc des cultures et qui donne une connotation négative à l'Afrique. Patricia, plutôt volatile, se dit heureuse de vivre sur ce continent, au milieu des bêtes. Mais Sybil pense que sa fille deviendra de plus en plus « sauvage ». « Mon chéri, excusez mes nerfs. C'est uniquement à cause de Patricia. Mais je sais très bien qu'il n'y a pas d'autre vie possible pour vous. » (partie 1, chapitre 12), « Je ne peux plus supporter ces rires barbares gémit-elle, ces dents trop blanches, leurs histoires de spectres, d'hommes-panthères, de sorciers, Et surtout, surtout, la manière qu'ils ont d'apparaître sans qu'on les entendent. » (partie 1, chapitre 13).

Trois autres thèmes se mélangent dans le livre et sont tous les trois liés. Il s'agit de la vie et de la mort, du jeu et de l'amour sous toutes ses formes. Ces trois thématiques centrées autour de Patricia permettent de connaître ses traits de caractère. Les relations qu'elle entretient avec les autres personnages amènent à comprendre le déroulement des événements. Si elle n'avait pas joué avec Kihoro et le lion, peut-être que King ne serait pas mort. Si elle n'avait pas joué sans cesse avec son père, peut-être ne lui aurait-il pas pris la folie de tuer le meilleur ami de sa fille. Ce qui est certain, c'est que le jeu a conduit à la mort. Les thèmes sont représentés dans le texte par des champs lexicaux, des descriptions et différentes figures de style. La vie est souvent représentée symboliquement par des images de mort dans le texte, notamment avec le terme de « la guerre » (partie 1, chapitre 2), ou bien avec : « Il revivait avec souffrance et passion le temps où il tuait sans merci ni répit ! » (partie 2, chapitre 6), « Quand il meurt un homme ou une femme dans la manyatta, son esprit y reste, et il est très méchant pour tout le clan. » (partie 2, chapitre 12). Mais aussi par l'adoption de King qui l'a sauvé de la mort : « Il était si faible, si menu, vous n'avez pas idée, quand Kohoro m'en a fait cadeau. » (Partie 2, chapitre 2). Mais finalement, la mort prend le dessus en emportant King, tué par Bullit au chapitre 14 de la seconde partie.

L'histoire prend tout son sens grâce aux nombreuses relations qui lient les différents personnages entre eux, que ce soit l'amitié, l'amour, la haine, ou encore la passion représentés par l'utilisation du champ lexical, d'énumérations, de comparaisons et de métaphores. « Je sentis cela que nous étions arrivés à un degré d'entente où la différence d'âge ne comptait plus. L'intensité et la franchise d'un intérêt, d'un besoin commun avaient établi, par le truchement des bêtes sauvages, la complicité et l'égalité entre un enfant et un homme, qui, depuis très longtemps, avait cessé de l'être. » (partie 1, chapitre 2), « Mais ce que l'amour peut apporter à deux êtres, une fois et pour toujours, en tendresse, en intégrité et en certitude, tout ce qu'un homme et une femme peuvent souhaiter obtenir l'un de l'autre pour endormir leurs plus profondes angoisses et servir l'un à l'autre de complément prédestiné, je le voyais inscrit dans la façon la plus pure et la moins discutable dans les mouvements et les visages de Sybil et se son mari. » (partie 1, chapitre 6), « C'est bien, vous êtes amis, dit gravement Patricia. » (partie 2, chapitre 2), « Patricia, alors, étendit son bras dans un mouvement impulsif, passionné, plongea ses doigts dans la toison rouge de son père (je ne pus m'empêcher de songer qu'elle agrippait de la même façon la crinière de King), attira la tête de Bullit jusqu'à elle et frotta sa joue contre la sienne. La même intensité de bonheur était sur leurs deux visages. » (partie 2, chapitre 8).

On peut également relever le paradoxe de l'amour de Bullit envers les animaux. « C'est pourtant simple, pour bien tuer les bêtes, il faut bien les connaître. Pour les connaître, il faut les aimer, et plus on les aime et davantage on les tue. C'est même pire que cela en vérité. C'est exactement dans la mesure où on les aime qu'on éprouve le besoin et la joie de les tuer. » (Partie 1, chapitre 9)

Enfin, le jeu est peut-être le thème le plus implicite. Il est de plus en plus mis en évidence au fur et à mesure du texte. Il se retranscrit par l'utilisation du mot lui-même à plusieurs reprises dans le livre : « Il avait pris goût au jeu. » (partie 2, chapitre 2), « C'est un jeu. » (partie 2, chapitre 5), « Trompés par ce jeu qui avait toutes les apparences, tous les bruits d'une chasse à mort. » (partie 2, chapitre 9), « Mais King savait – et d'une intelligence égale à celle de Bullit – qu'il s'agissait d'un jeu. » (partie 2, chapitre 9), « Puis c'était la fin du jeu. » (partie 2, chapitre 14), « Elle avait voulu seulement leur faire jouer un jeu que son père bien-aimé lui avait conté tant de fois. » (partie 2, chapitre 15).

Le champ lexical appuie le thème : « Nous pouvons nous amuser avec elles. » (partie 2, chapitre 8), « Bien joué, garçon ! » (partie 2, chapitre 9), « Sa figure n'exprimait plus ni la gaieté, ni la curiosité, ni l'amusement. » (partie 2, chapitre 14).

Tous ces thèmes choisis par l'auteur ont un lien avec les événements de son époque : les guerres provoquées par la haine des Hommes envers les Hommes sur le continent occidental, la mort d'innocents etc. L'œuvre de Kessel regorge de symboles et il y dénonce implicitement cette partie de l'Histoire abominable et atroce.

LE MOUVEMENT LITTÉRAIRE

Joseph Kessel est incontestablement un des maîtres du roman reportage des années 1950, « l'un des plus puissants et des moins consensuels de nos romanciers », disait le journaliste François Busnel dans un article de l'Express publié en juin 2006. En effet, ce mouvement littéraire mêle fiction et vécu dans la même histoire. L'auteur s'inspire directement de sa propre expérience incorporée à un récit totalement inventé par le biais de documentations et descriptions précises, de détails minutieux qui donnent une crédibilité particulière au roman. Sans oublier l'importance des traits psychologiques des personnages.

Ce courant littéraire particulier est une variante du roman d'aventures. Tous les écrivains de ce mouvement, étaient et sont dans le même temps journalistes, reporters, des hommes de terrains avides d'aventures. Ces aventures qui donnent un sens profond à leur existence : leurs voyages, les événements traités issus de l'actualité – les deux guerres mondiales, les crises, la naissance de l'État d'Israël, par exemple – sont une réelle source d'inspiration pour ces écrivains. Le but est de faire rêver autant que d'informer. Ils cherchent la vérité dans les moments suspendus du quotidien, la profondeur des silences, l'intensité des regards. Ces hommes qui parcourent le monde, découvrent les coutumes et sont au cœur de l'actualité. Ils voyagent puis reviennent, ne pouvant s'empêcher de narrer leur histoire. Ce courant est une variante du roman d'aventures qui met en avant l'action en multipliant les péripéties et dont le lecteur s'identifie généralement au héros.

DANS LA MÊME COLLECTION
(par ordre alphabétique)

- **Anonyme**, *La Farce de Maître Pathelin*
- **Anouilh**, *Antigone*
- **Aragon**, *Aurélien*
- **Aragon**, *Le Paysan de Paris*
- **Austen**, *Raison et Sentiments*
- **Balzac**, *Illusions perdues*
- **Balzac**, *La Femme de trente ans*
- **Balzac**, *Le Colonel Chabert*
- **Balzac**, *Le Lys dans la vallée*
- **Balzac**, *Le Père Goriot*
- **Barbey d'Aurevilly**, *L'Ensorcelée*
- **Barbey d'Aurevilly**, *Les Diaboliques*
- **Bataille**, *Ma mère*
- **Baudelaire**, *Les Fleurs du Mal*
- **Baudelaire**, *Petits poèmes en prose*
- **Beaumarchais**, *Le Barbier de Séville*
- **Beaumarchais**, *Le Mariage de Figaro*
- **Beauvoir**, *Mémoires d'une jeune fille rangée*
- **Beckett**, *En attendant Godot*
- **Beckett**, *Fin de partie*
- **Brecht**, *La Noce*
- **Brecht**, *La Résistible ascension d'Arturo Ui*
- **Brecht**, *Mère Courage et ses enfants*
- **Breton**, *Nadja*
- **Brontë**, *Jane Eyre*
- **Camus**, *L'Étranger*
- **Carroll**, *Alice au pays des merveilles*
- **Céline**, *Mort à crédit*

- **Céline**, *Voyage au bout de la nuit*
- **Chateaubriand**, *Atala*
- **Chateaubriand**, *René*
- **Chrétien de Troyes**, *Perceval*
- **Cocteau**, *La Machine infernale*
- **Cocteau**, *Les Enfants terribles*
- **Colette**, *Le Blé en herbe*
- **Corneille**, *Le Cid*
- **Crébillon fils**, *Les Égarements du cœur et de l'esprit*
- **Defoe**, *Robinson Crusoé*
- **Dickens**, *Oliver Twist*
- **Du Bellay**, *Les Regrets*
- **Dumas**, *Henri III et sa cour*
- **Duras**, *L'Amant*
- **Duras**, *La Pluie d'été*
- **Duras**, *Un barrage contre le Pacifique*
- **Flaubert**, *Bouvard et Pécuchet*
- **Flaubert**, *L'Éducation sentimentale*
- **Flaubert**, *Madame Bovary*
- **Flaubert**, *Salammbô*
- **Gary**, *La Vie devant soi*
- **Giraudoux**, *Électre*
- **Giraudoux**, *La Guerre de Troie n'aura pas lieu*
- **Gogol**, *Le Mariage*
- **Homère**, *L'Odyssée*
- **Hugo**, *Hernani*
- **Hugo**, *Les Misérables*
- **Hugo**, *Notre-Dame de Paris*
- **Huxley**, *Le Meilleur des mondes*
- **Ionesco**, *Rhinocéros*
- **James**, *Une vie à Londres*
- **Jarry**, *Ubu roi*
- **Kafka**, *La Métamorphose*

- **Kerouac**, *Sur la route*
- **La Fayette**, *La Princesse de Clèves*
- **La Fayette**, *La Princesse de Montpensier*
- **Le Clézio**, *Mondo et autres histoires*
- **Levi**, *Si c'est un homme*
- **London**, *Croc-Blanc*
- **London**, *L'Appel de la forêt*
- **Maupassant**, *Boule de suif*
- **Maupassant**, *Le Horla*
- **Maupassant**, *Une vie*
- **Molière**, *Amphitryon*
- **Molière**, *Dom Juan*
- **Molière**, *L'Avare*
- **Molière**, *Le Malade imaginaire*
- **Molière**, *Le Tartuffe*
- **Molière**, *Les Fourberies de Scapin*
- **Musset**, *Les Caprices de Marianne*
- **Musset**, *Lorenzaccio*
- **Musset**, *On ne badine pas avec l'amour*
- **Perec**, *La Disparition*
- **Perec**, *La Vie mode d'emploi*
- **Perec**, *Les Choses*
- **Perrault**, *Contes*
- **Prévert**, *Paroles*
- **Prévost**, *Manon Lescaut*
- **Proust**, *À l'ombre des jeunes filles en fleurs*
- **Proust**, *Albertine disparue*
- **Proust**, *Du côté de chez Swann*
- **Proust**, *Le Côté de Guermantes*
- **Proust**, *Le Temps retrouvé*
- **Proust**, *Sodome et Gomorrhe*
- **Proust**, *Un amour de Swann*
- **Queneau**, *Exercices de style*

- **Quignard**, *Tous les matins du monde*
- **Rabelais**, *Gargantua*
- **Rabelais**, *Pantagruel*
- **Racine**, *Andromaque*
- **Racine**, *Bérénice*
- **Racine**, *Britannicus*
- **Racine**, *Phèdre*
- **Renard**, *Poil de carotte*
- **Rimbaud**, *Une saison en enfer*
- **Sagan**, *Bonjour tristesse*
- **Saint-Exupéry**, *Le Petit Prince*
- **Sarraute**, *Enfance*
- **Sarraute**, *Tropismes*
- **Sartre**, *Huis clos*
- **Sartre**, *La Nausée*
- **Senghor**, *La Belle histoire de Leuk-le-lièvre*
- **Shakespeare**, *Roméo et Juliette*
- **Steinbeck**, *Les Raisins de la colère*
- **Stendhal**, *Le Rouge et Le Noir*
- **Stendhal**, *La Chartreuse de Parme*
- **Verlaine**, *Romances sans paroles*
- **Verne**, *Une ville flottante*
- **Verne**, *Voyage au centre de la Terre*
- **Vian**, *J'irai cracher sur vos tombes*
- **Vian**, *L'Arrache-cœur*
- **Vian**, *L'Écume des jours*
- **Voltaire**, *Candide*
- **Voltaire**, *Micromégas*
- **Zola**, *Au Bonheur des Dames*
- **Zola**, *Germinal*
- **Zola**, *L'Argent*
- **Zola**, *L'Assommoir*
- **Zola**, *La Bête humaine*

- **Zola**, *Nana*
- **Zola**, *Pot-Bouille*